LIA ZATZ

Aventura da escrita

História do desenho que virou letra

Ilustrações: Avelino Guedes

3ª edição
São Paulo, 2012

MODERNA

2ª edição, 2002
1ª edição, 1991

MODERNA

COORDENAÇÃO EDITORIAL: Lisabeth Bansi
ASSISTÊNCIA EDITORIAL: Paula Coelho
PREPARAÇÃO DE TEXTO: José Carlos de Castro
COORDENAÇÃO DE PRODUÇÃO GRÁFICA: Dalva Fumiko N. Muramatsu
COORDENAÇÃO DE EDIÇÃO DE ARTE: Camila Fiorenza
PROJETO GRÁFICO: Camila Fiorenza
DIAGRAMAÇÃO: Cristina Uetake, Vitória Sousa
ILUSTRAÇÕES: Avelino Guedes
COORDENAÇÃO DE REVISÃO: Elaine Cristina del Nero
REVISÃO: Luís M. Boa Nova, Maristela S. Carrasco
COORDENAÇÃO DE *BUREAU*: Américo Jesus
TRATAMENTO DE IMAGENS: Arleth Rodrigues, Fabio N. Precendo e Rubens M. Rodrigues
PRÉ-IMPRESSÃO: Alexandre Petreca, Everton L. de Oliveira Siva,
Helio P. de Souza Filho, Marcio Hideyuki Kamoto
COORDENAÇÃO DE PRODUÇÃO INDUSTRIAL: Wilson Aparecido Troque
IMPRESSÃO E ACABAMENTO: Gráfica Elyon
LOTE: 799958
COD: 12074432

À Ashoka – Empreendedores Sociais
Maria da Graça Mendes Abreu
Telma Weiss

Dados Internacionais de Catalogação na Publicação (CIP)
(Câmara Brasileira do Livro, SP, Brasil)

Zatz, Lia
Aventura da escrita : história do desenho que virou letra / Lia Zatz ; ilustrações Avelino Guedes. — 3. ed. — São Paulo : Moderna, 2012. (Coleção Viramundo)

ISBN 978-85-16-07443-2

1. Escrita – Literatura infantojuvenil.
I. Guedes, Avelino. II. Título. III. Série.

11-12453 CDD-028.5

Índices para catálogo sistemático:
1. Escrita : Literatura infantil 028.5
2. Escrita : Literatura infantojuvenil 028.5

EDITORA MODERNA LTDA.
Rua Padre Adelino, 758 - Belenzinho
São Paulo - SP - Brasil - CEP 03303-904
Vendas e Atendimento: Tel. (11) 2790-1300
Fax (11) 2790-1501
www.modernaliteratura.com.br
2024
Impresso no Brasil

SUMÁRIO

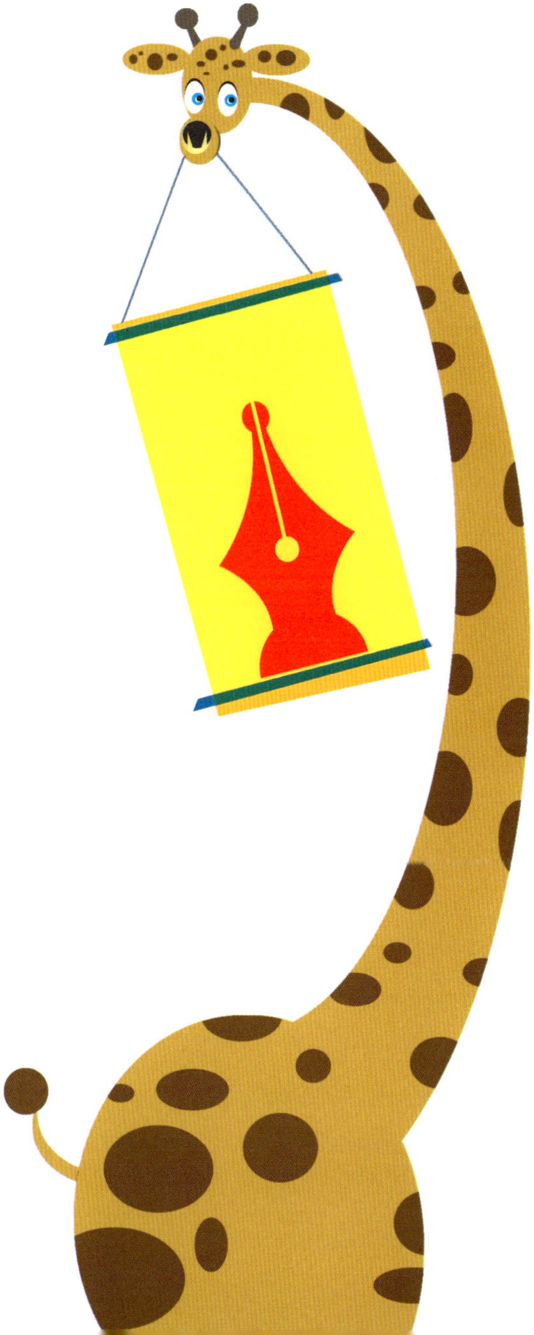

Sobre o que é este livro

Vivemos num mundo rodeado de coisas escritas. Basta sair à rua e olhar: é o jornaleiro cheio de revistas, jornais e livros; é a placa da rua, do ônibus, da loja; são os cartazes de propaganda, as embalagens dos produtos, as telas de tevês, computadores, celulares etc.

E conseguimos ler e entender tudo. Não é maravilhoso?

Eu não consigo me lembrar do tempo em que não sabia ler e escrever. Mas posso imaginar, e acho que as escritas deviam parecer mais ou menos com isto:

Você não tem a mesma impressão?

E neste mundo cheio de escrita, como o nosso, você consegue imaginar um tempo completamente diferente? Um tempo em que a escrita não existia? Pois isso aconteceu, e foram necessários milhares de anos para que ela se desenvolvesse e ficasse como nós a conhecemos hoje.

É uma história interessante e bonita. E é porque ela existe que vou poder contá-la, por escrito, para você.

Confira outras curiosidades sobre a escrita no *site*: www.modernaliteratura.com.br/viramundo

IMAGINE UM MUNDO SEM A ESCRITA

Vamos fazer de conta que a escrita não existe e pensar num mundo sem ela.

O que fazemos quando queremos mostrar a uma pessoa o que estamos pensando ou sentindo? É fácil: falamos. E ninguém precisa da escrita para falar, não é verdade? Todo povo tem uma linguagem, seja ele brasileiro, congolês, japonês, espanhol, americano, guarani, russo ou finlandês.

Mas será que é só por meio da fala que podemos mostrar nossos sentimentos e pensamentos?

O que faz um bebê que ainda não sabe falar, mas que quer mostrar que está com fome, alegre ou irritado? Um mudo ou um surdo, para se comunicar, como faz? E você, no fim de um *show*, filme ou peça de teatro que lhe agradou ou desagradou, alegrou ou entristeceu, como costuma reagir?

E duas pessoas que se gostam muito e se encontram depois de um longo tempo sem se ver?

Além da fala, muitas outras atitudes, como o choro, o riso, o gesto ou a mímica, o aplauso ou a vaia, o abraço, servem para comunicar o que sentimos e pensamos.

Mas, muitas vezes, queremos que uma ideia ou sentimento que temos dure mais do que o tempo de um abraço, de um gesto ou de uma fala. Ou, ainda, que essa ideia ou sentimento possa ser conhecido não só pelos que estão próximos, mas também pelos que estão longe de nós. Para isso, foi necessário encontrar outras formas para mostrar o que estamos pensando e sentindo.

Muitos povos, por exemplo, utilizaram, e ainda utilizam, objetos para se comunicar. E nós, não continuamos fazendo isso até hoje?

Outro dia, minha amiga Diana, uma menina de 5 anos, me levou para conhecer sua classe. Ela entrou e foi logo pendurando sua lancheira num preguinho. Mas não em qualquer um. Ela andou até o fim da fileira e usou um dos últimos pregos. Reparei que, acima de cada um, havia um pequeno objeto colado. Sobre o prego da Diana era um chapéu de bruxa. Em seguida, um coração de isopor. Do outro lado, uma borboleta de papel. E assim por diante. E cada criança que entrava ia direto colocar a lancheira no seu prego.

Você sabia?

As pessoas com surdez se comunicam por meio da Língua de Sinais. Essa língua tem características próprias, como o uso de gestos e mímica, de forma coordenada e organizada. Cada país possui sua própria Língua de Sinais. No Brasil, ela é conhecida como Libras e existe desde 2002, com a promulgação da Lei 10.436.

Percebi então que, como as crianças ainda não sabiam ler e escrever, usavam objetos que elas mesmas tinham escolhido para marcar o seu prego. E, assim, todas sabiam qual era o seu e também o de cada um dos colegas.

Outro exemplo é o de como alguns indígenas, quando viajam, indicam para outros que passam pelo mesmo caminho qual a direção que seguiram. Usam galhos de árvores, assim:

Quando, além da direção, querem mostrar também que foram para longe, fazem assim:

Quando a viagem não é longa, indicam assim:

E se querem explicar mais ainda, indicando quantos dias vão caminhar, fazem como no desenho abaixo, no qual o viajante indica que sua viagem vai durar cinco dias:

Os escoteiros às vezes usam esse recurso inventado pelos indígenas.

Mas, em vez de usar objetos, podemos também fazer marcas, gravando ou desenhando.

Foi o que aconteceu no pendurador de lancheiras da classe da Diana. Como os objetos começaram a descolar e cair, decidiram substituí-los por autorretratos. Cada criança desenhou e colou o seu acima do seu prego.

E no caminho do viajante? Veja na ilustração: em vez de usar galhos para mostrar o seu caminho, ele foi marcando as árvores pelas quais passava.

Foi usando marcas, desenhos e sinais desse tipo que a humanidade começou a construir a história da escrita, uma outra forma de comunicação.

O QUE É A ESCRITA? PARA QUE SERVE?

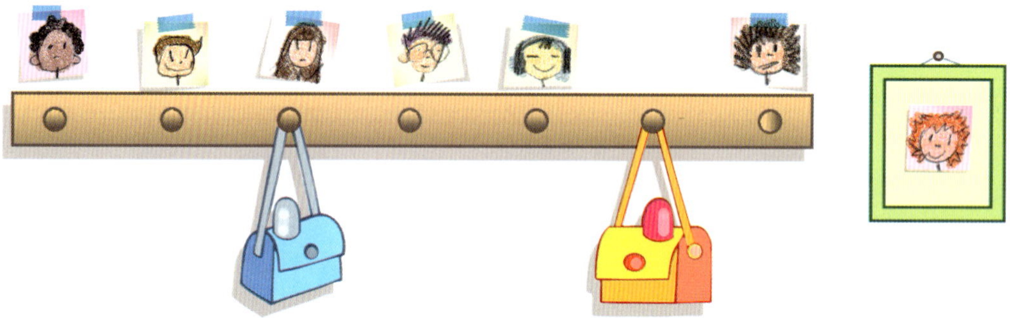

Na ilustração acima, o que aconteceu com o autorretrato da Diana? Ele continua mostrando qual é o prego dela? Não. Ele agora está enfeitando a parede.

E se a Diana e um de seus colegas desenharem o próprio retrato numa folha de papel e colarem cada um numa porta de banheiro de sua escola?

Eles serão apenas dois desenhos bonitos? Não. Eles ganharão outra função: mostrar que onde está o desenho da Diana é o banheiro das meninas e onde está o desenho do seu colega é o banheiro dos meninos.

Como um motorista sabe se uma rua é contramão, se pode ou não estacionar num local, se deve ou não diminuir a velocidade? Ele é orientado pelos sinais de trânsito, escritos de tal forma que possam ser vistos e compreendidos rapidamente e a distância.

Você já imaginou como seria fazer contas por escrito, sem os números e os sinais?

Desenhos nas portas de banheiros, sinais de trânsito e números são feitos e escritos do mesmo jeito em muitos países do mundo. Assim, se você estiver num desses países, entenderá o que esses sinais querem dizer, mesmo que não conheça a sua língua.

E se agora a gente inventar um código secreto? Primeiro, os sinais:

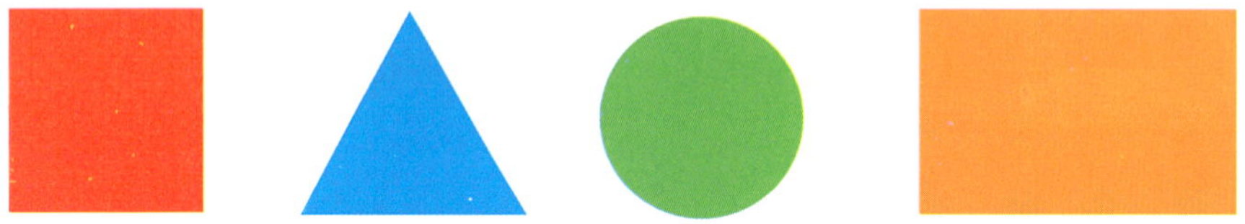

A O M R

Depois, vamos combiná-los:

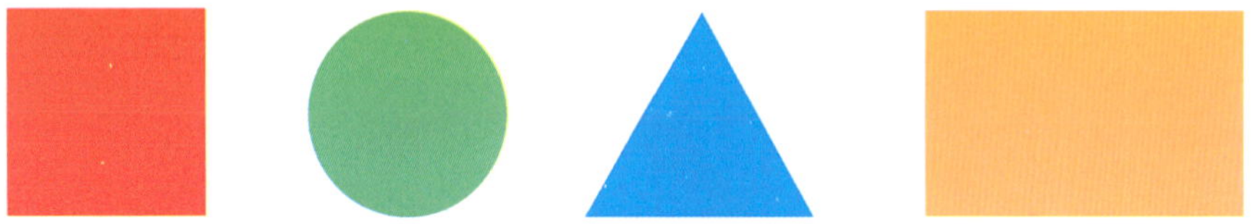

Quem não conhece o nosso código vai pensar que são simples desenhos. Poderá até dizer que está vendo um quadrado, um círculo, um triângulo, e um retângulo. Mas, para nós, esses desenhos, nessa ordem, querem também dizer a palavra AMOR.

Combinando de diversas formas os quatro sinais do nosso código (ou utilizando apenas alguns deles), conseguimos formar muitas palavras:

Os exemplos que vimos são formas de escrever, assim como a forma que estou usando para escrever este livro que você está lendo.

Para que escrevemos? Para mostrar o que pensamos e sentimos; para dar avisos, fazer contas, de forma que nossos pensamentos, sentimentos, informações e dados possam durar.

Mas para entender tudo isso é preciso saber ler. E, para ler, é preciso compreender o que os sinais representam e as regras para combiná-los. Num jogo, se não conhecemos as regras, não conseguimos entrar na brincadeira. Com a escrita acontece a mesma coisa.

Na escrita alfabética, que é esta que estou usando para escrever este livro, o que queremos é representar a fala. Para isso, usamos letras. Para saber ler e escrever, precisamos então aprender quais e como são as letras, que som elas têm e como combiná-las. E todos temos de aprender a mesma escrita, pois, se eu inventar uma escrita só para mim e você inventar outra só para você, como vamos nos entender?

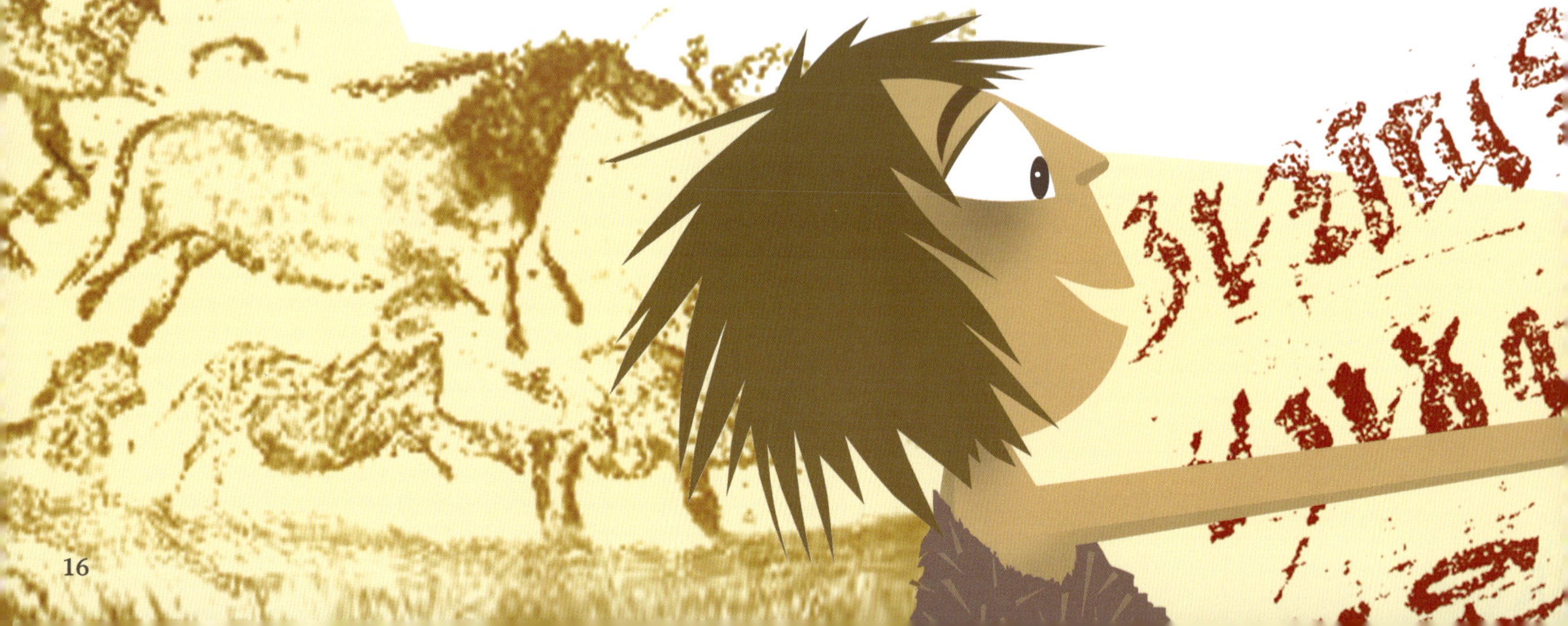

Aprender a ler e escrever é como aprender um jogo: é preciso conhecer as combinações, as regras, ter vontade e treinar bastante. Mas vale a pena, não vale? Aprendendo o jogo da escrita, é possível ler e escrever histórias, poemas, cartas, bilhetes, torpedos, **legendas**, reportagens, pesquisas, tomar o ônibus certo, chegar à rua que estamos procurando, saber para que serve um remédio e como devemos tomá-lo, e um mundo de outras coisas mais.

Não podemos fazer tudo isso usando apenas sinais como os de trânsito ou os números. Mas podemos fazê-lo usando palavras. E você já pensou que para escrevê-las usamos apenas as 26 letras do nosso alfabeto?

Mas para chegar a essa escrita, na qual utilizamos apenas 26 letras, foram necessários milhares e milhares de anos.

legenda
texto que explica uma ilustração, uma obra de arte, um mapa, uma gravura etc.; letreiro utilizado em filmes.

DESENHAR E PINTAR É ESCREVER?

Pinturas das cavernas: registro, enfeite ou mágica?

Cidades, prédios, aviões, foguetes, televisores, computadores, ***tablets***, celulares, *videogames*, ônibus, carros, motos, bicicletas, lojas, mercados, ruas, escolas, a escrita, tudo, tudo o que nos rodeia hoje, e que faz parte do nosso dia a dia, não existia há dez mil anos.

Homens, mulheres e crianças viviam em cavernas, comiam os animais que conseguiam caçar, os frutos e as raízes que encontravam e vestiam-se com peles de animais mortos.

Mas tinham a mesma necessidade que nós de comunicar o que estavam pensando e sentindo. Devem ter feito isso de várias formas. Uma delas foi desenhando e pintando. Hoje é conhecida a existência, em muitos lugares do mundo, inclusive no Brasil, de cavernas e rochas com desenhos e pinturas daquela época, chamados rupestres. O que não se sabe, com certeza, é o que aquelas pessoas estavam querendo mostrar. Veja, por exemplo, esta pintura feita em uma caverna:

© Fabio Colombini

tablet
aparelho portátil, do tamanho de uma brochura, possui tela sensível ao toque, pode ser utilizado para acessar a internet, ver vídeos e fotos, ouvir músicas, ler jornais, revistas e livros e entreter--se com jogos. O *tablet* possui ainda inúmeras funcionalidades, podendo ser utilizado como agenda, bloco de notas, máquina fotográfica e muito mais!

É possível que a pessoa que a fez quisesse dizer:

CAÇAMOS DOIS ALCES

Mas poderia também ser:

HOJE VAMOS CAÇAR ALCES

Ou então:

MEU IRMÃO E MEU PAI FORAM CAÇAR ALCES

Ou ainda:

EU AGORA JÁ SOU GRANDE E VOU PODER CAÇAR ALCES

Você sabia?

No Brasil há vários lugares com desenhos e pinturas rupestres dos tempos primitivos. Por exemplo: os parques nacionais Sete Cidades e Serra da Capivara, no Piauí; Cariris Velhos, na Paraíba; Lagoa Santa, em Minas Gerais; Rondonópolis, em Mato Grosso; Pedra Pintada, no Pará; Peruaçu, em Minas Gerais...

Pode ser também que ela não estivesse querendo dizer nada disso e fez o desenho apenas para *enfeitar* sua caverna. Mas também pode ser que seu desenho tivesse alguma coisa de *mágico*: como se, desenhando pessoas caçando animais, isso pudesse garantir seu *sucesso na caça*, dar--lhe sorte.

Seria a vontade de deixar registrado um acontecimento? Seria, talvez, o modo de expressar o prazer e a beleza do desenho? Uma tentativa mágica? Ou, quem sabe, tudo isso misturado?

Não sabemos e dificilmente saberemos o que levou as pessoas dessa época a fazer esses desenhos e pinturas. Mas sabemos que este foi o primeiro passo que a humanidade deu no caminho da escrita.

Desenhos e pinturas que contam coisas

O ser humano logo aprendeu a usar o desenho e a pintura para contar fatos e acontecimentos. E essa forma, apesar do aparecimento da escrita, continuou sendo usada através dos tempos até hoje.

Há pouco mais de um século, um acordo de paz foi feito entre os habitantes da Tasmânia, uma ilha da Austrália, e os colonizadores europeus. Observe ao lado como esse acordo foi registrado.

Na primeira tira, mostram o desejo de que haja paz entre nativos e europeus. Na segunda, o acordo de paz sendo confirmado pelos representantes oficiais. Na terceira, declaram que, se um nativo matar um europeu, será castigado com a forca. E, na quarta, que, se um europeu matar um nativo, será também castigado com a forca.

Minha amiga Diana também fez um desenho do mesmo tipo. A professora havia pedido que cada criança desenhasse o que mais gostava de fazer na escola.

Diana desenhou uma quadra de esportes para mostrar que o que ela mais gostava era da hora do parque. Muitas vezes, o desenho, em vez de querer comunicar um acontecimento ou um fato, como esses que apresentamos, quer nos fazer lembrar de alguma coisa.

Desenhos e pinturas que nos lembram pessoas e coisas

Se você já viu filmes de caubói, sabe que os indígenas americanos costumam dar nome às pessoas segundo algumas características que percebem nelas e que muitas vezes têm a ver com os animais ou com elementos da natureza. No geral, são nomes fáceis de escrever por meio de desenhos. Veja como três indígenas assinaram seus nomes:

Cachorro-macho

Urso-lento

Homem-de-cima

Maria, José, Joana, Francisco... pena que com a maioria dos nomes que usamos não dá para fazer isso. Com alguns poucos, até dá. Veja:

Na classe da Diana, as crianças fizeram desenhos, não para seus nomes, mas para lembrar os dias da semana e as atividades de cada dia. Primeiro, escolheram um sinal para cada dia:

 = SEGUNDA-FEIRA

TERÇA-FEIRA = 

 = QUARTA-FEIRA

QUINTA-FEIRA = 

 = SEXTA-FEIRA

Depois, um sinal para cada atividade:

Chegada

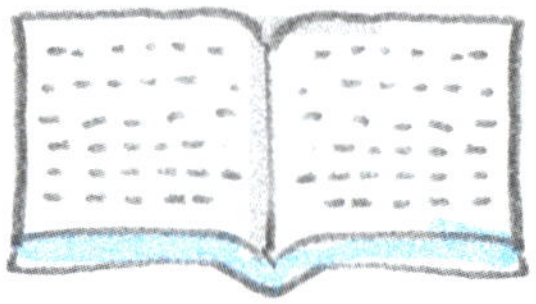
Roda de conversa e leitura

Artes

Recreio

Hora da escrita

Parque

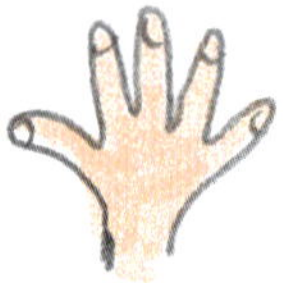
Saída

Então montaram o quadro de atividades da classe com os sinais combinados:

As pessoas de antigamente, como vimos, também usavam desenhos e foi por meio deles que chegaram mais perto da escrita.

Assim, se um desenho é feito para nos fazer lembrar de uma pessoa, de um dia, de uma atividade ou de um objeto, por que não pode ser feito para nos fazer lembrar das coisas que falamos? Pode e foi o que as pessoas perceberam, passando a usar desenhos para representar as palavras que falamos. Dessa forma, começava a história da escrita.

HISTÓRIA DA ESCRITA

Sinais representando palavras

Quando o ser humano começou a plantar, criar animais, tecer, construir cidades, a escrita passou a ser um instrumento necessário e importante. Era preciso, por exemplo, controlar os rebanhos e, mais tarde, os produtos que iam do campo para a cidade e da cidade para o campo. Veja esta forma de escrever:

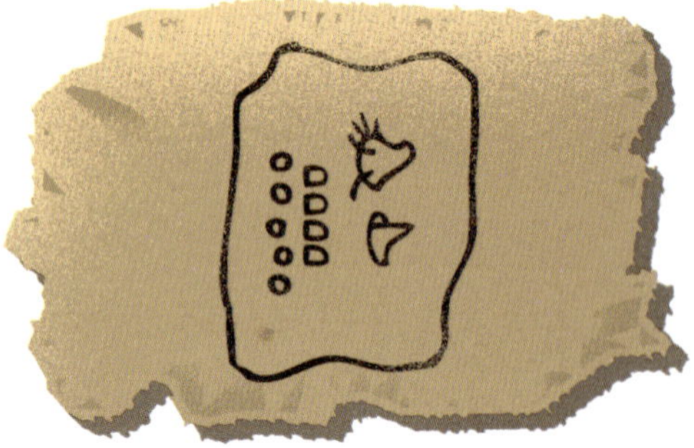

Pessoas que estudam as escritas antigas descobriram que:

E que, portanto, aquela escrita queria dizer:

54 BOIS E VACAS

Esse é um exemplo da escrita dos sumérios, um povo que viveu há cerca de cinco mil anos na antiga região da Mesopotâmia, onde hoje é o Iraque.

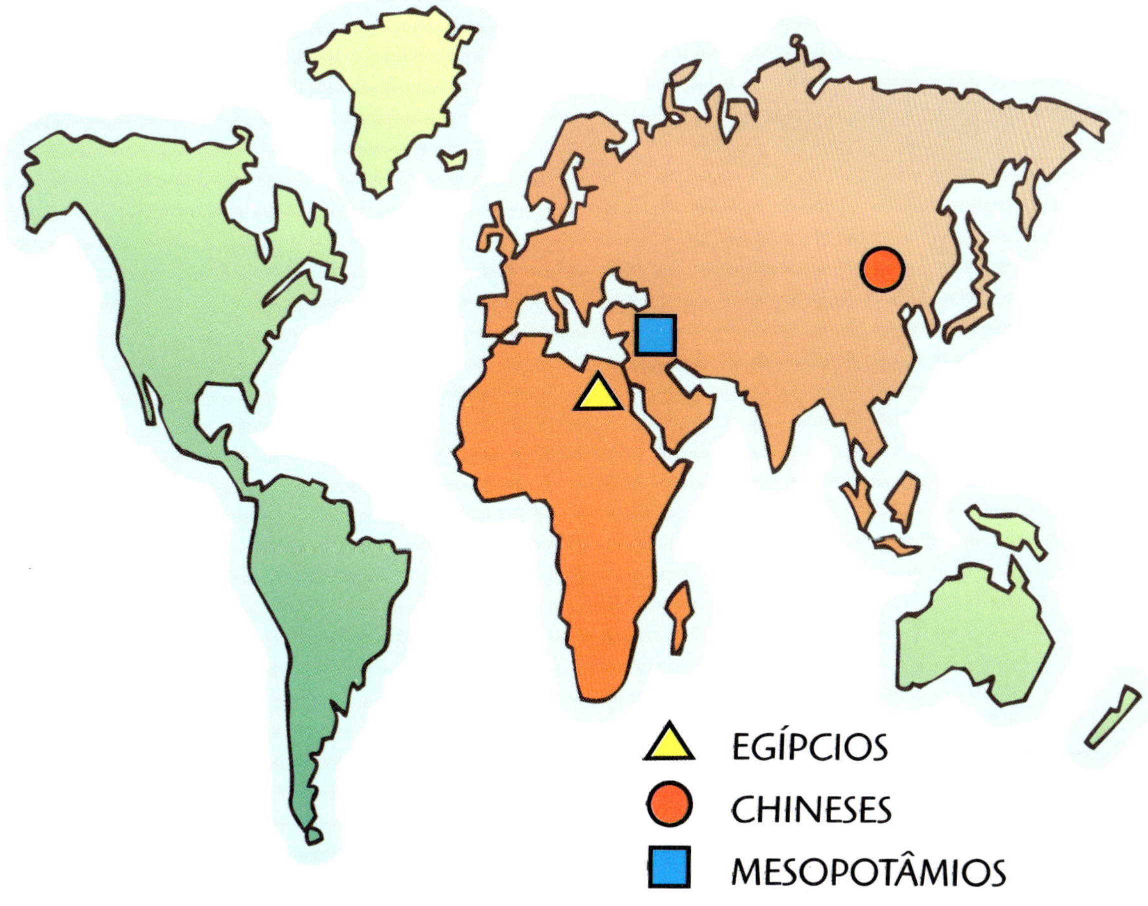

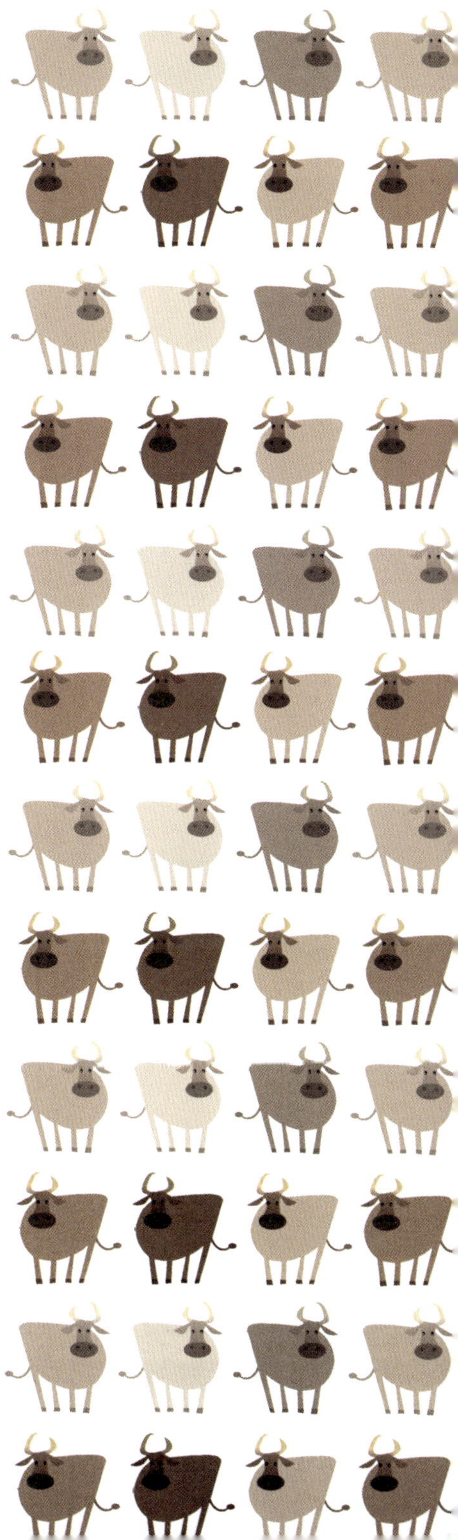

Sumérios, egípcios, chineses e outros povos, que começavam a sentir a necessidade de registrar informações e comunicar fatos, no começo inventaram sinais para poucas palavras. No geral, eram desenhos representando seres e objetos do mundo em torno deles.

Veja estes sinais:

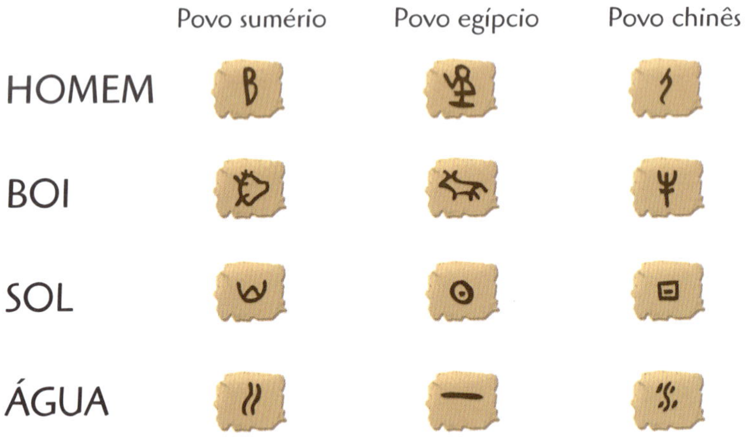

Como esses, existiam muitos outros sinais. Mas, aos poucos, foi-se tornando necessário escrever mais palavras e era impossível inventar e decorar sinais para todas elas.

Em algum momento, então, passaram a usar o mesmo sinal para palavras que tinham significados que poderiam ser associados. Assim, por exemplo, o sinal para SOL, quer em sumério, quer em egípcio ou chinês, tanto poderia expressar a palavra SOL como a palavra DIA.

E foi exatamente isso o que fizeram também as crianças da classe da Diana. No quadro de atividades da classe, usaram o desenho que representa a palavra PÃO para representar a palavra RECREIO.

Outro jeito de conseguir escrever mais palavras com os sinais já conhecidos era juntando dois ou mais sinais. Assim, por exemplo, em sumério, o sinal:

 = MANTO

mais o sinal:

 = MULHER

davam uma terceira palavra: 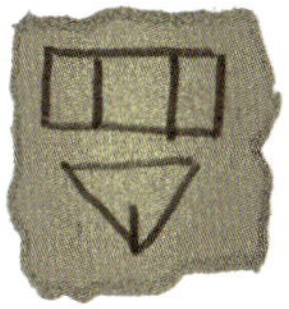 = PRINCESA

Olhem só que engraçadinhos os chineses. Usavam o sinal:

 = MULHER

para formar as palavras:

 = BRIGA

e:

 = FALSIDADE

Por que será que não inventaram palavras desse tipo com o sinal para a palavra HOMEM?

As crianças da classe da Diana, no seu quadro semanal de atividades, também combinaram dois sinais já conhecidos para representar uma terceira palavra. Juntaram:

Com essas novas possibilidades, ficou mais fácil escrever. Mas, mesmo assim, ainda não se conseguia escrever todas as palavras que existem numa língua. Algumas eram especialmente difíceis, como nomes de pessoas, nomes de lugares, palavras como vida, morte, alegria, tristeza.

Sinais representando o som das palavras

Então, há mais ou menos quatro mil anos, outro passo importante foi dado na história da escrita: começaram a usar sinais para representar também o som da fala.

Para os sumérios, tanto a palavra FLECHA como a palavra VIDA tinham o mesmo som: TI. Para a palavra FLECHA, usavam o sinal:

Eles passaram então a usar o mesmo sinal também para a palavra VIDA.

Para os egípcios, tanto a palavra PATO como a palavra FILHO tinham o mesmo som: SA. Para a palavra PATO, usavam o sinal:

Desse modo, passaram a usar esse mesmo sinal também para a palavra FILHO.

Você percebeu o que aconteceu? O mesmo sinal podia ser usado para representar palavras de som igual, mas que queriam dizer coisas completamente diferentes.

Fica mais fácil entender usando um exemplo em português. Vamos imaginar que a gente escrevesse com desenhos e não com letras. Dessa forma, a frase GALINHA BOTA OVO poderia ser escrita assim:

A palavra BOTA, de calçar, tem o mesmo som que a palavra BOTA, do verbo botar. Assim, o mesmo sinal serviria para as duas palavras.

Sinais representando o som de pedaços das palavras

Usar o mesmo sinal para palavras que tinham o mesmo som, mas queriam dizer coisas completamente diferentes, levou a um outro avanço: os sinais não precisavam mais ser usados só para palavras inteiras, mas podiam também ser usados para pedaços de palavras.

Ainda imaginando que usássemos desenhos e não letras para escrever, não seria difícil encontrar alguns exemplos em português. Veja:

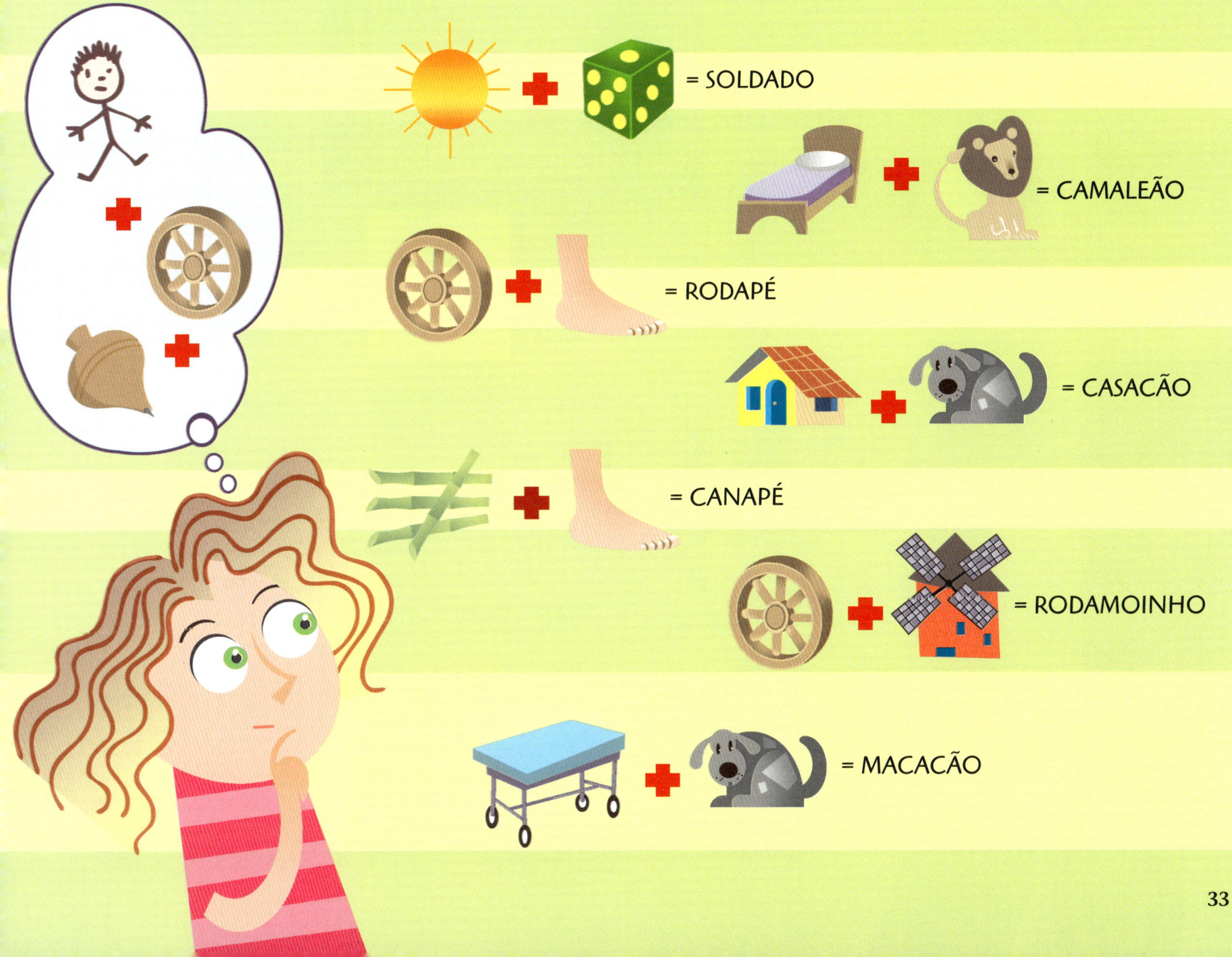

Porém, como poderíamos escrever, por exemplo, uma palavra como RODADA? Bastaria a gente escrever:

 DA

Mas estaríamos esquecendo que as pessoas daquele tempo falavam o som DA, embora não o escrevessem, como fazemos hoje.

Começaram então a inventar sinais para certos sons, como este, que inventamos para o som DA:

Assim, para escrever uma palavra como RODADA, poderíamos desenhar o sinal:

e combiná-lo com o sinal inventado para o som DA:

RODA DA

Na língua chinesa, se escreve assim. Existem sinais para palavras, como o sinal:

女

que representa a palavra NÜ, e que, como já vimos, quer dizer MULHER.

E existem sinais para sons de sílabas, como este sinal:

que representa o som da sílaba PU.

Contudo, muitos outros povos foram, aos poucos, abandonando os sinais que representavam palavras inteiras e usando só sinais para representar os sons das sílabas. É como se, para escrever a palavra RODADA, inventássemos um sinal para o som RO, que poderia ser:

 = RO

e escrevêssemos:

RO DA DA

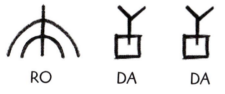

Na língua japonesa, os sinais representam sons, tais como:

NA MI KO

Se nós escrevêssemos assim, teríamos de inventar sinais para, por exemplo, os diversos sons das palavras **bolo**, **bala**, **leme**, **bica**.

Veja os sinais que inventamos e como ficariam estas palavras escritas com estes sinais:

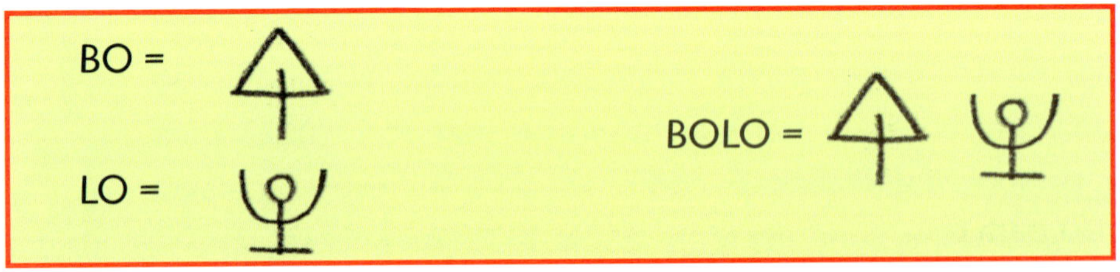

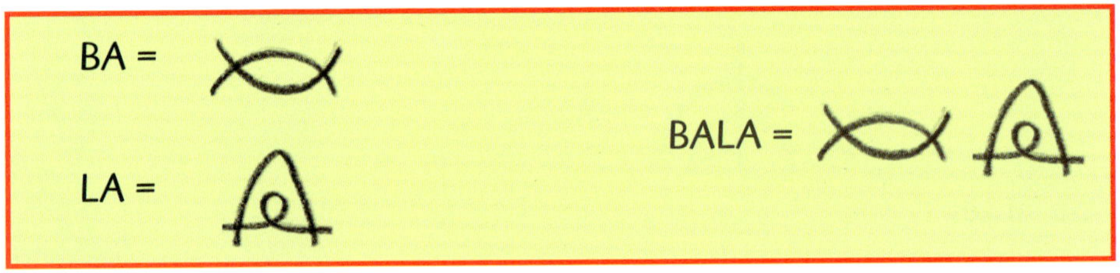

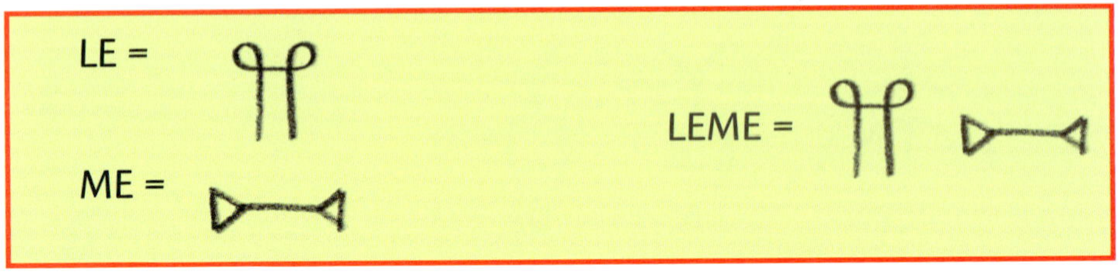

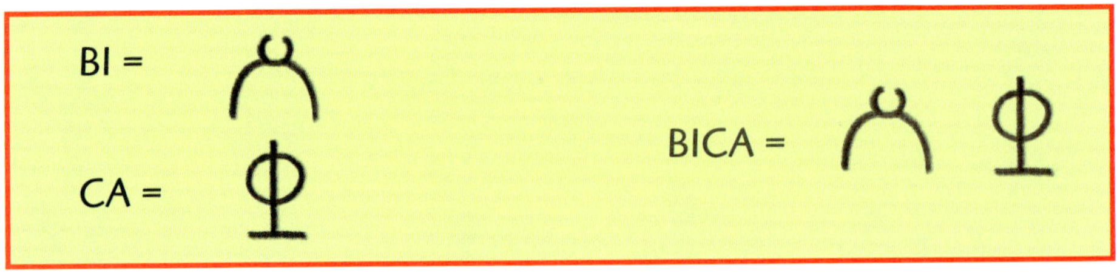

Aos poucos, alguns povos passaram a usar um só sinal para representar vários sons. É como se, no exemplo que demos, em vez de termos um sinal para o som BO, outro para o som BA e outro para o BI, inventássemos um só para os três, que poderia ser:

E, em vez de termos um sinal para o som LO, outro para o LA e outro para o LE, inventássemos um só para os três, por exemplo:

Se antes tínhamos oito sinais para as palavras que usamos como exemplo, agora teríamos só quatro:

 = BO-BA-BI

 = ME

 = LO-LA-LE

 = CA

De fato, seriam bem menos sinais para aprender, mas nem sempre seria fácil entender o que estava escrito. Olhe:

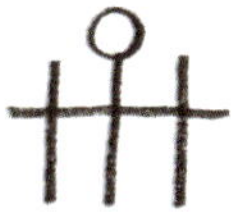 

Será que escrevemos BOLO, BOLA, BOLE, BALA ou BALE?

Pelo tipo de assunto que estava sendo tratado, às vezes dava para adivinhar o que estava escrito. Mas nem sempre.

O alfabeto

Por causa disso, alguns povos, para facilitar a leitura, às vezes usavam ainda outros sinais para sons que, hoje, representam as nossas vogais:

A E I O U

Vamos inventar sinais para duas delas:

Agora, se a gente tivesse:

saberia que está escrito BOLA, porque:

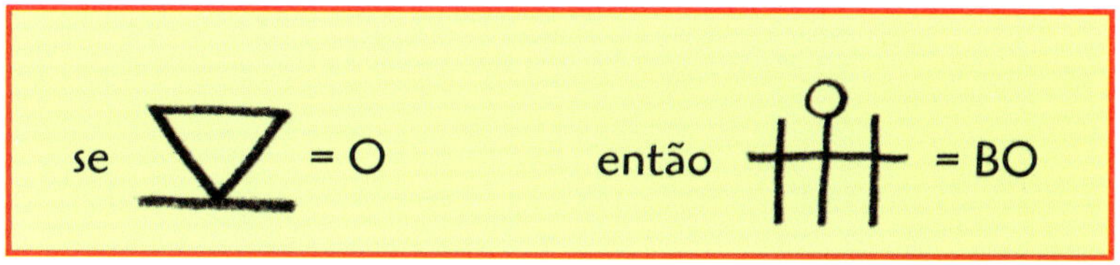

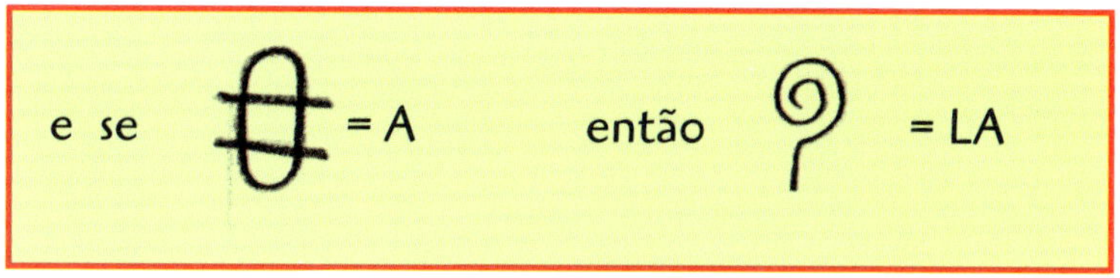

Ou seja:

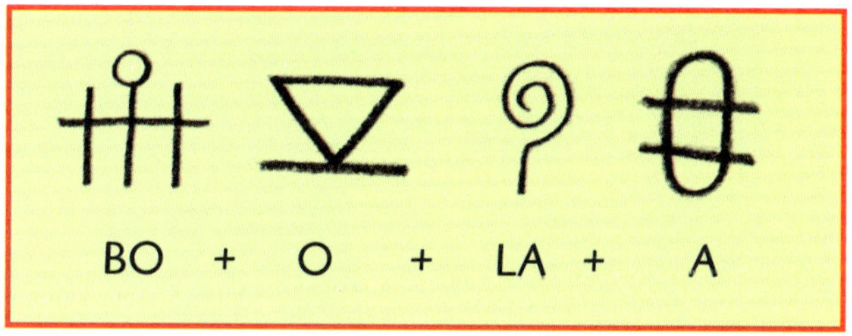

Os gregos, há uns 2.500 anos, começaram a usar sempre a indicação do som da vogal. Com o tempo e com o uso, percebeu-se que não era vantagem nenhuma escrever BO-O-LA-A para a palavra BOLA. E isso aconteceu com todas as outras palavras. Bastava que o sinal para os sons: BO BA BI passasse a representar somente o som B; que o sinal para os sons: LO LA LE passasse a representar somente o som L. E assim por diante. Desse modo, chegou-se ao alfabeto.

O nosso alfabeto chama-se romano, mas nasceu do alfabeto grego. Veja ao lado as letras do nosso alfabeto que têm correspondentes no alfabeto grego.

Alfabeto grego			Alfabeto romano
Maiúsculo	Minúsculo	Nome	
Α	α	alfa	A
Β	β	beta	B
Γ	γ	gama	C
Δ	δ	delta	D
Ε	ε	épsilon	E
Ζ	ζ	dzeta	Z
Η	η	eta	H
Θ	θ	teta	–
Ι	ι	iota	I
Κ	κ	kapa	K
Λ	λ	lâmbda	L
Μ	μ	mu(mi)	M
Ν	ν	nu(ni)	N
Ξ	ξ	Ksi	X
Ο	ο	ônicron	O
Π	π	pi	P
Ρ	ρ	rô	R
Σ	σ	sigma	S
Τ	τ	tau	T
Υ	υ	úpsilom (ipsilon)	U
Φ	φ	fi	–
Χ	χ	chi(qui)	–
Ψ	ψ	psi	–
Ω	ω	ômega	–

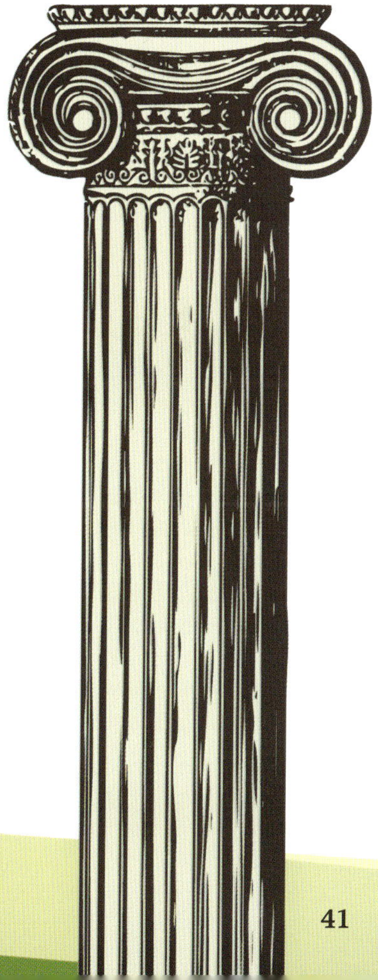

Os países de língua portuguesa, espanhola, italiana, inglesa, francesa, alemã e de outras línguas usam o mesmo alfabeto que nós.

Mas existem outros alfabetos. Veja a mesma frase escrita em línguas e alfabetos diferentes:

Viu quanta história e quanto trabalho existe por trás da escrita? Você não acha fantástico?

Você sabia?

As letras k, w e y voltaram a fazer parte do nosso alfabeto. Elas são muito usadas, principalmente em nomes próprios, em abreviaturas e símbolos de termos científicos e em palavras estrangeiras. O alfabeto grego possui algumas letras que não têm correspondentes no nosso alfabeto: teta (θ), psi (ψ), fi (ϕ), chi ou qui (χ) e ômega (Ω).

MUDANÇAS NOS DESENHOS E NOS MATERIAIS DA ESCRITA

A gente poderia perguntar quem foi que resolveu que o sinal para o som A seria desenhado desse modo, e não assim: ∀ ou §.

Na verdade, não houve uma pessoa que, um belo dia, decidiu inventar o desenho das letras do nosso alfabeto.

Os desenhos da escrita foram simplificados ao longo da história, permitindo escrever cada vez mais fácil e rapidamente. O mesmo aconteceu com os materiais ou objetos em que eram feitos os desenhos.

Vamos ver, primeiro, como isso aconteceu com duas escritas antigas, a suméria e a egípcia, que hoje já não são mais usadas.

Na época em que o papel ainda não existia, os sumérios escreviam em pranchas de **argila** úmida. É difícil desenhar na argila. Por isso, aos poucos, os sinais da escrita suméria foram tomando uma forma menos arredondada, mais reta. Veja a mudança de alguns sinais:

BOI

SOL

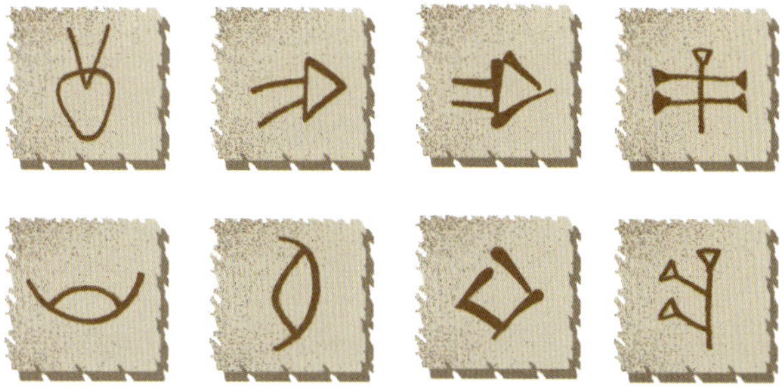

argila
barro com tratamento especial utilizado para fazer utensílios como vasos, panelas, objetos de decoração, pisos etc.

Observe agora o aspecto de um texto escrito dessa forma:

By Dea/G. Dagli Orti/De Agostini/Getty Images

Escrita conhecida como "cuneiforme", uma vez que os sinais tinham a forma de **cunhas**.

Os novos sinais foram, mais tarde, usados também em outros materiais, como pedra e metal.

Já os egípcios, no início, usavam a pedra para escrever. E nela faziam uma escrita com desenhos muito bonitos.

© Bildarchiv Steffens/The Bridgeman Art Library/Glowimages

Escrita egípcia, conhecida como "hieroglífica".

cunha
objeto de ferro ou madeira, com uma extremidade mais larga e outra mais pontiaguda e achatada, que serve para abrir fendas em pedras e madeira.

Com o passar do tempo, eles descobriram que o papiro, que é uma planta, também podia ser usado para escrever. A haste do papiro era cortada em tiras finas, estendidas sobre uma pedra plana e batidas com uma espécie de martelo até que formassem uma única folha.

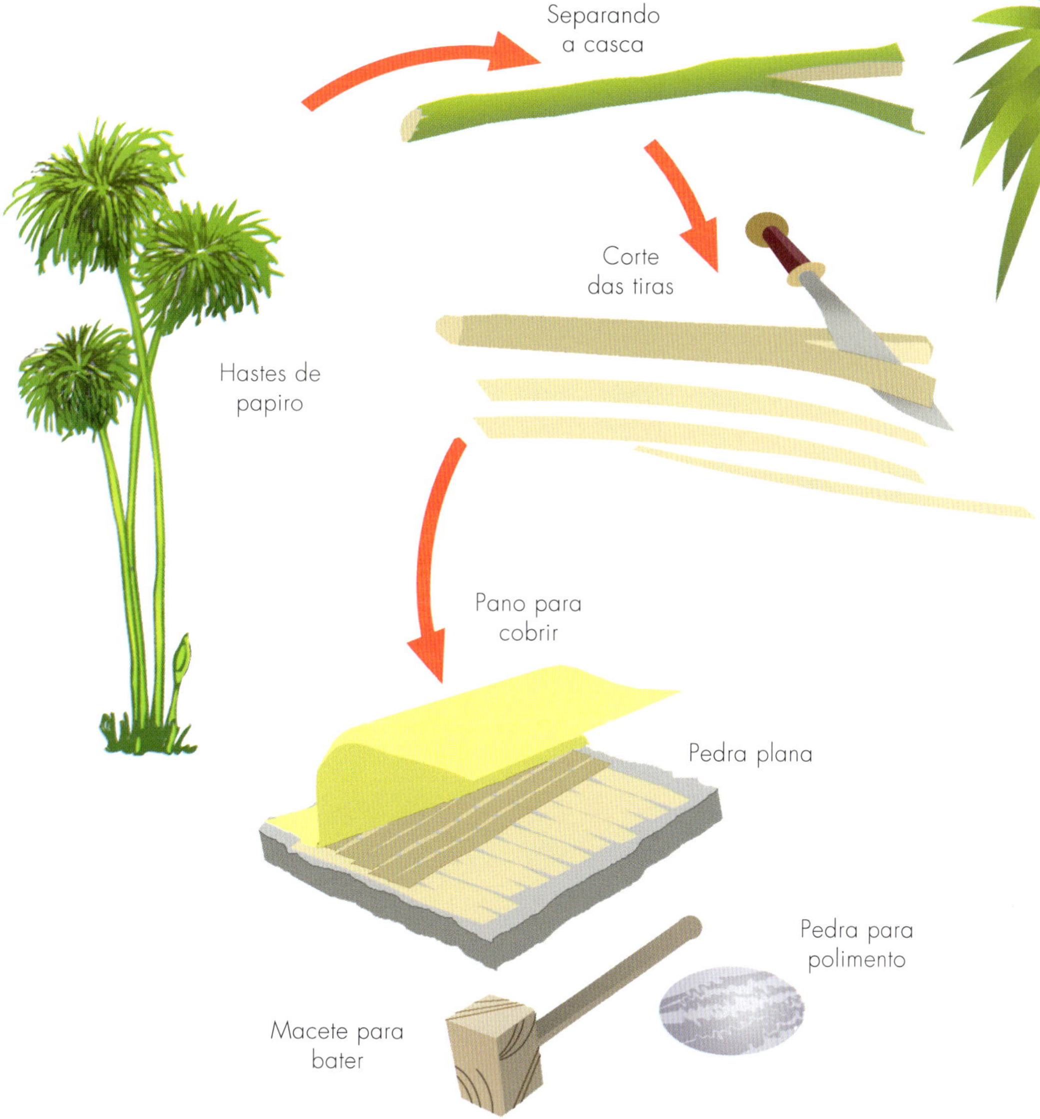

A descoberta do papiro, no qual era possível escrever muito mais rapidamente do que na pedra, levou os egípcios a simplificar os sinais da sua escrita.

Veja como o sinal para a palavra VASO era escrito na pedra e como foi sendo simplificado para a escrita em papiro:

Isso aconteceu com todos os sinais da escrita egípcia, obtendo-se assim um tipo de escrita bem mais simples e bastante diferente da que era feita em pedra. Observe:

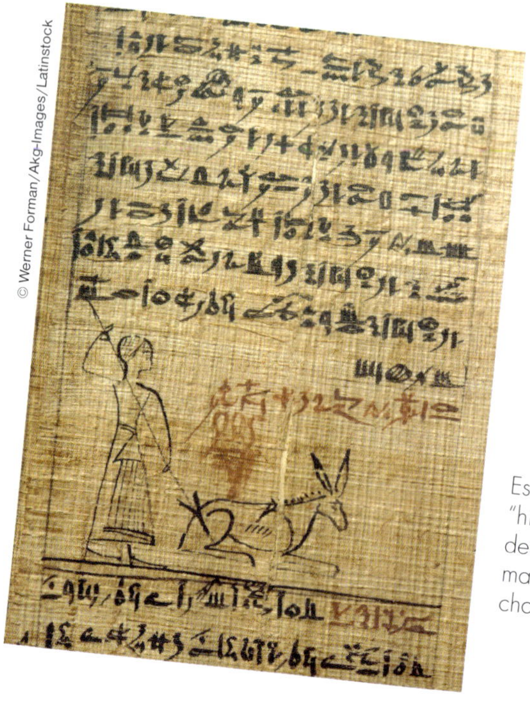

© Werner Forman/Akg-Images/Latinstock

Escrita conhecida como "hierática". Mais tarde deu origem a uma escrita mais simples e popular chamada "demótica".

Você sabia?

Há mais de 200 anos foi descoberta uma pedra com a mesma inscrição gravada de formas diferentes: hieroglífica, demótica e grego antigo. Um estudioso francês, chamado Champollion, foi quem decifrou as inscrições. Essa pedra foi encontrada na cidade de Roseta, no Egito, e batizada como Pedra de Roseta.

O tipo de escrita feita na pedra continuou sendo usado, por exemplo, para inscrições em templos e em túmulos. Já a escrita mais rápida, feita em papiro, era empregada para o uso do dia a dia.

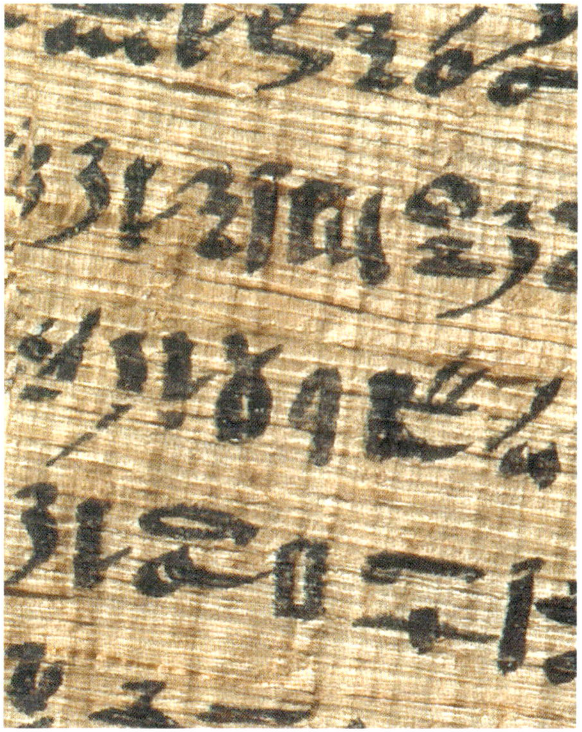

Essas escritas já não são mais usadas, mas foram elas que influenciaram o surgimento de outras que, com o passar dos tempos, levaram ao nosso alfabeto. Nele, cada letra também tem a sua história. Como não daria, neste livro, para falar de cada uma delas, vamos contar só o que aconteceu com o A e o N.

Em algumas línguas faladas por povos de antigamente (hebreus, assírios, arameus, fenícios e árabes), a palavra ALEF significava BOI e se escrevia, no começo, assim:

Aos poucos, esse desenho foi mudando:

Os gregos passaram a usá-lo não para a palavra ALEF com significado de BOI, mas para o som A. E o sinal para esse som sofreu, com o tempo, novas transformações:

A mesma coisa aconteceu com o N. A palavra NUM queria dizer SERPENTE e se escrevia assim:

Com o tempo, esse sinal sofreu as seguintes transformações:

Para os gregos, o símbolo de NUM deixou de representar a palavra SERPENTE e passou a significar apenas o som N. E o sinal foi mudando:

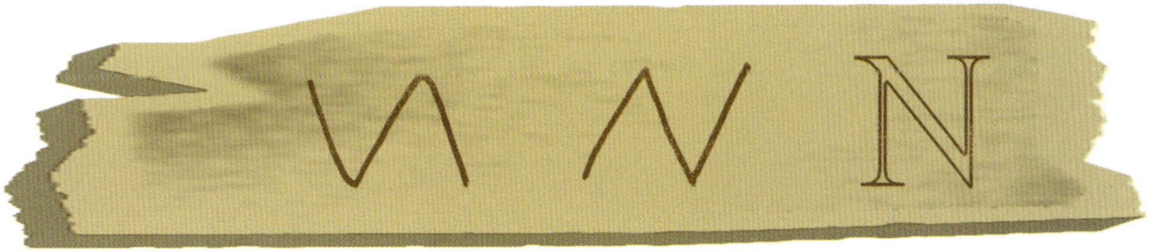

E se você pesquisasse como isso se deu com as outras letras?

DIREÇÃO DA ESCRITA

Assim como nunca existiu uma pessoa que, de repente, inventou o alfabeto, também jamais alguém afirmou que temos de escrever da esquerda para a direita ou da direita para a esquerda, em linhas horizontais ou em linhas verticais. Essas regras foram sendo estabelecidas aos poucos e de formas diferentes para as diversas línguas. O objetivo de estabelecer regras foi sempre o de facilitar a tarefa de escrever e de ler.

Os egípcios antigos escreviam a mesma coisa em várias direções:

Os gregos também escreviam em várias direções. Mas, com o tempo, estabeleceram a regra de escrever e ler em linhas horizontais, de cima para baixo e da esquerda para a direita, que é como nós escrevemos e lemos. Veja este poema, por exemplo:

LUZIA LIA
NA LUZ DA LUA
LIA, LIA.
... E IA!

QUEIRÓS, Bartolomeu Campos de. *Diário de classe.* São Paulo: Moderna, 2003.

Na língua japonesa, em que se escreve e se lê em linhas verticais, de cima para baixo e da direita para a esquerda, o mesmo poema ficaria assim:

LUZIA LIA
NA LUZ DA LUA
LIA, LIA.
...E IA!

No hebraico e no árabe, que são escritos e lidos em linhas horizontais como o português, mas da direita para a esquerda, teríamos:

AIL AIZUL
AUL AD ZUL AN
,AIL ,AIL
! AI E ...

DANDO ASAS À IMAGINAÇÃO

Quando você começou a ler este livro, podia imaginar quanto tempo demorou e quanto trabalho a humanidade teve para chegar à escrita tal qual a conhecemos hoje? E foi graças a esse tempo e trabalho, empregados ao longo de milhares de anos, que ler e escrever passou a ser uma coisa simples, possível de aprender e de executar muito mais rapidamente.

As **invenções tecnológicas**, tais como as máquinas de escrever, a tipografia, os celulares e os computadores, também contribuíram muito para isso. Hoje em dia, é difícil imaginarmos um tempo em que os livros eram todos escritos à mão e que, para tanto, existiam profissionais especializados: os chamados "escribas". No passado muitos reis eram analfabetos e, para poder governar, contratavam esses profissionais. Assim, quem conseguia se tornar um escriba tinha a possibilidade de adquirir grande importância na sociedade.

invenção tecnológica
criação, a partir de um conjunto de conhecimentos, para ser aplicada em alguma atividade. Por exemplo, o telefone, o rádio, a televisão, máquinas utilizadas nas lavouras, radares etc.

Com o tempo e com o desenvolvimento das sociedades, cada vez mais aprender a ler e escrever foi se tornando possível para as diferentes camadas da população, das mais ricas às mais pobres.

Hoje, no mundo acelerado e globalizado em que vivemos, mais do que nunca ler e escrever é uma necessidade fundamental.

Pense um pouco em tudo o que você faz por saber ler e escrever e em tudo o que não poderia fazer se não soubesse... Pensou?

No Brasil, a lei obriga o Estado a garantir escola a todas as crianças até o 9º ano, justamente porque se trata de um direito básico de cidadania, que deve ser assegurado e reivindicado.

Mas será que essa lei tem sido cumprida? Será que o mundo da leitura e da escrita está aberto para todos e da mesma forma, com as mesmas oportunidades? Essa é uma questão que merece ser pensada e discutida por todos.

DANDO ASAS À IMAGINAÇÃO

Agora, e se disséssemos que, apesar de toda a importância da escrita, o seu surgimento pode também ter significado um tipo de fechamento para o mundo?

Sabe por quê? Porque, antigamente, quando a escrita não existia, os conhecimentos dos povos eram passados às crianças e aos jovens por meio de conversas com os mais velhos. Por isso, os anciãos eram muito respeitados e considerados pessoas de grande sabedoria. Muitos povos indígenas que não usam a escrita mantêm esse costume. Essa é uma tradição que foi se perdendo entre nós para dar lugar à escrita e que se perde cada vez mais para dar lugar à televisão e ao computador.

Não seria importante tentar recuperá-la? Imagine quantas coisas, histórias e experiências minha avó, seu avô e outras pessoas mais velhas poderiam nos contar! Passamos a vida ao lado delas e, muitas vezes, só depois que as perdemos é que nos damos conta de tudo que deixamos de conversar, compartilhar e aprender. E, ainda, tendo a escrita como instrumento, o quanto poderíamos ter registrado dessas conversas.

Finalmente, que tal pensar em você como leitora ou leitor, escritora ou escritor? Leia, por exemplo, o poema abaixo, do escritor e poeta Pedro Bandeira.

Azul e vermelho

Nessa rosa que eu pisei
tinha uma borboleta azul
Eu não vi o que fazia,
mas as duas eu matei.
Vou enterrar as duas.
A rosa
e a borboleta azul.
E elas vão me perdoar.
Qualquer dia,
quando eu passar por aqui,
haverá uma rosa
com pétalas azuis
e uma borboleta
vermelha
e perfumada.

(*Cavalgando o arco-íris*. São Paulo: Moderna, 2009.)

Se você conversar sobre esse poema com uma amiga ou amigo, vai perceber que cada um fará a leitura e a **interpretação** de seus significados de forma particular. Isso acontece porque cada um de nós lê e constrói os significados do que lê de acordo com os conhecimentos que tem, as experiências que viveu, os sentimentos e as emoções que sentiu. E isso acontece para qualquer tipo de texto, seja com uma reportagem de jornal, um bilhete, uma placa de ônibus.

E é com toda essa "bagagem" que vamos nos tornando leitores e escritores cada vez mais competentes e com um mundo de possibilidades aberto à nossa frente para criar e inventar.

Por exemplo, que tal inventar novas formas de escrever as letras?

interpretação é a forma como cada pessoa entende o sentido de um texto, de uma obra de arte, de uma peça de teatro, de um acontecimento, de um fato etc. É o modo de explicar o que algo quer dizer.

Muitos artistas brincam com as letras e com as palavras, criam regras próprias. Olhe só que delícia estas invenções:

OLHO

RO?_BADO

sí-la-bas

Veja este poema do poeta e crítico **Augusto de Campos**:

Você sabia?

Augusto de Campos nasceu na cidade de São Paulo. Além de escritor e tradutor, foi um dos primeiros a escrever poemas utilizando um modo diferente de dispor as letras no papel. Com isso conseguia um efeito gráfico muito interessante.

E o lobo que virou "bolo" na história *Chapeuzinho amarelo,* do compositor, cantor e escritor Chico Buarque de Holanda:

LO BO LO BO LO BO LO BO LO BO

(*Chapeuzinho amarelo*. Rio de Janeiro: José Olympio, 2003.)

E que tal inventar novas direções de escrita?

TENHO UMA AMIGA INVISÍVEL CHAMADA
RAESSAP IOF ALE AID MU. ANA
NA FLORESTA E VIU UMA BRUXA. FICOU
UOGIL MEN AXURB A SAM. ADATSUSSA
PRA ELA. ESTAVA MUITO OCUPADA,
E ATELOBROB ED SASA ODNARUCORP
RABOS DE LAGARTIXA PARA A SOPA DA
UIDICED, ANINEM A UIV ODNAUQ. ETION
CONVIDÁ-LA PARA JANTAR. HOJE, AS DUAS SÃO
ÉTA ÁTSE ANINEM A E SAGIMA OTIUM
PENSANDO EM VIRAR BRUXA QUANDO CRESCER.

E então, você gostou de entrar nessa viagem maravilhosa da escrita?

LIA ZATZ

Nasci em São Paulo, no século passado, ou seja, há muuuiiito tempo.

Sempre tive curiosidade em saber de onde viemos, para onde vamos, como surgiu o primeiro ser humano, como começamos a pensar... Talvez, por isso, decidi cursar a faculdade de Filosofia, que, entre outras coisas, nos ajuda a pensar. Acho que foi essa curiosidade que me levou a escrever livros para crianças e jovens.

Estou sempre estudando algum assunto novo, mesmo quando escrevo livros de ficção.

A ideia de fazer um livro sobre a escrita surgiu porque eu queria entender como as crianças aprendem a ler e a escrever e, finalmente, eu também acabei estudando a história da escrita. Achei tão interessante essa história que resolvi, com a ajuda deste livro, contá-la para vocês!